7
Lit. 1321.

OBSERVATIONS

SUR

LA VILLE DE BOURG,

POUR ÊTRE CHEF-LIEU DE DISTRICT,

Présentées à *l'Assemblée Nationale et au Comité de Constitution*, par M. VALENTIN BERNARD, *Député de la Sénéchaussée de Bordeaux.*

A PARIS,
DE L'IMPRIMERIE NATIONALE.
1790.

OBSERVATIONS

SUR

LA VILLE DE BOURG,

POUR ÊTRE CHEF-LIEU DE DISTRICT,

Présentées à l'Assemblée Nationale et au Comité de Constitution, par M. VALENTIN BERNARD, Député de la Sénéchaussée de Bordeaux.

LE Député qui vient de faire imprimer un Précis sur la ville de Blaye, dans l'objet de justifier ses prétentions au titre de chef-lieu du District dans lequel elle est comprise, nous donne l'exemple & nous fait une loi d'employer le même moyen pour manifester les droits de la ville de Bourg au même titre.

Situation.

A l'extrémité Nord-Ouest de la Guienne, & particulièrement du Département de Bordeaux, ce District, jusqu'à présent divisé en quatre Jurisdictions, le Cubsaguais, le Bourgès, le Blayais & le Vitrezay, confine au Sud par partie du Cubsaguais & du Bourgès, à la Dordogne; à l'ouest, par partie du Bourgès, le Blayais & le Vitrezay, à la Gironde; au Nord, par le Blayais & le Vitrezay, à la Saintonge; à l'Est, par le Bourgès

A

et le Cubsaguais, à la Saintonge et au District de Libourne. Enfin, ce District est fermé par une enceinte, dont la forme très-irrégulière présente à-peu-près les formes d'un triangle à côtés inégaux, dont la base coupée par beaucoup d'angles a plus de longueur que les deux côtés ensemble. La ville de Bourg est au sommet de ce triangle, et présente un angle très-obtus, qui la rapproche de sa base; le Bourgès et le Cubsaguais forment un côté; le Bourgès, le Cubsaguais & le Vitrezai forment l'autre. Les quatre Jurisdictions s'étendent sur la ligne qui tient lieu de base, mais le Bourgès et le Cubsaguais en occupent la plus grande partie. De quatre parties d'un tout, pour que le centre se trouve dans la seconde, il faut que les deux premières parties soient plus grandes que les deux dernières. Or, le Cubsaguais et le Bourgès, qui sont les deux premières auxquelles on vient de joindre les Paroisses de Notre-Dame et de Saint-Jacques, comprennent quarante-deux Paroisses, tandis que les deux dernières, savoir, le Blayais et le Vitrezai, n'en comptent que trente-trois. Cette différence, qui est de plus d'un quart, doit donc faire chercher le centre du District dans la partie qui comprend le Bourgès et le Cubsaguais, et non dans celle où le Blayais et le Vitrezai sont compris; et après avoir déterminé en laquelle des deux Sections du District doit être cherché le centre, il en résulte, 1°. qu'il ne peut être à Blaye; puisque Blaye ne fait point partie de la plus considérable portion du District; 2°. qu'il doit être à Bourg, parce que Bourg est le lieu principal et le plus convenable de la Section dans laquelle il faut, suivant le principe incontestable posé tout-à-l'heure, chercher le véritable et légitime centre du District.

La ville de Blaye, à l'Ouest de Bourg, en est éloignée de deux grandes lieues; Cubsac, au Levant de la ville de Bourg, s'en trouve à une égale distance; la ville de Bourg est donc leur centre, comme elle l'est de toutes les extrémités du District.

La partie du Cubsaguais la plus éloignée de Bourg, en est à quatre lieues et demie; la partie du Vitrezai qui se termine en pointe vers l'Ouest, et qui en est la plus éloignée, n'en est guère distante que de cinq lieues.

Population et Contribution.

Le territoire du Cubsaguais et du Bourgès présenté à-peu-près une surface égale; mais il a cet avantage sur celui du Blayais et du Vitrezais, qu'il ne renferme, comme ce dernier, ni marais, ni landes. Le plus grand nombre doit se trouver sans doute, la plus grande population doit se porter là, où se trouve la plus grande salubrité de l'air, là, où se trouve la plus grande culture.

Le Cubsaguais et le Bourgès ont une plus grande étendue et toute en côtes sur deux grands fleuves, et l'on conçoit que des bords riverains et élevés doivent être tout autrement peuplés que des bords riverains; mais bas et marécageux, & que des landes. (1)

Le Cubsagais, et sur-tout le Bourgès, ont des carrières qui occupent plus de six mille ouvriers; il n'est point de jours où, dans le beau temps, il ne parte des côtes du Bourgès et du Cubsaguais, quatre-vingt bateaux chargés de pierres; il se trouve un peu plus d'activité dans la ville de Blaye que dans celle de Bourg. Mais on peut observer déja combien la supériorité de culture, et l'exploitation locale des carrières donne à toute

A 2

cette partie du District, dont Bourg est le lieu principal, un avantage manifeste en population et en activité sur le Pays qui environne Blaye.

Tout ce qui vient d'être dit peut faire conclure, par induction, combien la population du Blayois et du Vitrezay doit être inférieure à celle du Bourgès et du Cubsaguais : cette vérité devient plus sensible en observant, comme nous l'avons dit plus haut, que le Blayois et le Vitrezay n'ont que trente-trois Paroisses, tandis que le Bourgès et le Cubsaguais en ont quarante-deux. Cette vérité devient enfin incontestable, lorsque, par le relevé de la population de chaque Paroisse, attesté par les Curés, ou plutôt fourni et signé par eux, on reconnoît que le Vitrezay et le Blayois n'ont que vingt-huit mille trois ou quatre cens Habitans, tandis que le Bourgès et le Cubsaguais en comptent quarante-sept mille.

La ville de Blaye fait valoir sa population particulière, qu'elle annonce surpasser celle de la ville de Bourg ; il est de vérité qu'elle la surpasse de quatre à cinq cens personnes ; mais la ville de Blaye s'étend en tout sens, comme une Bourgade empiète sur la campagne, et compte additionellement dans sa population beaucoup d'habitations éparses. La ville de Bourg, au contraire, fermée de murs et de fossés, ne peut se confondre avec ce qui n'est pas elle, et faire entrer dans son calcul ce qui l'environne. Sa population est de trois à quatre mille ames.

La ville de Blaye ne pouvant appuyer ses prétentions de l'avantage d'être située au centre du territoire et de la population du District, après avoir présenté comme un titre en sa faveur, ce surplus de population particulière qui, comme l'on voit, se réduit à bien peu de chose, insiste sur son commerce, son importance, l'aisance de ses Habitans.

Mais ces circonstances accessoires n'appartiennent pas à la question essentielle, à raison de ce qu'elles sont étrangères au principe que l'Assemblée a adopté pour opérer avec justice en uniformité la division du Royaume; à raison de ce que tous ces avantages locaux se contrebalancent de ville à ville, et à tous ces titres ces circonstances devroient être rejetées de la comparaison à établir entre ces deux villes; autrement ce seroit ajouter à la discussion principale, l'inutile surabondance d'une dissertation épisodique, qui, fût-elle la plus intéressante et la plus claire, auroit l'inconvénient d'occuper d'autres choses que de la conclusion à laquelle on ne sauroit arriver trop tôt, qui ne peut, en un mot, dans sa plus grande perfection, faire que longueur, et jamais preuve, qui enfin, si elle est diffuse et embarrassée, contracte de plus, avec le tort de l'in-à-propos, celui de jeter son obscurité sur le fait même dont il est question. Jamais cette observation, dans sa généralité, ne fut à quelque égard plus applicable en ce moment. Il s'agit de position, et Blaye parle de son commerce; il s'agit de l'opportunité d'une situation pour en faire le rendez-vous le plus à la portée de tous les grouppes du District, et Blaye parle de l'aisance de ses Habitans; il s'agit de tous, et Blaye parle d'elle. Et qu'importe au reste du District qu'il y ait un peu plus, ou un peu moins de mouvement, de matelots, de gens aisés, ou de population dans l'une ou l'autre de ces villes; le caractère le plus appréciable, le seul appréciable en ce moment, c'est d'être évidemment le plus à portée des points principaux du District. Les autres considérations sont secon-

A 3

daires ; elles prouveroient souvent contre les intérêts mêmes de ceux qui les emploient ; si, par exemple, la ville de Blaye renferme en effet plus de moyens de prospérité pour ses Habitans, et si la qualité de chef-lieu de District peut y ajouter, il est évident que, toutes choses égales d'ailleurs, il faudroit préférer Bourg, et par là chercher à suppléer aux moyens de régénération qui lui manqueroient. Bien loin donc que cette supériorité fort exagérée de la ville de Blaye soit un motif pour y placer le chef-lieu, et pour l'exclure de la ville de Bourg, ce seroit, au contraire, une raison pour faire pencher la balance en faveur de cette dernière Ville ; l'esprit de l'Assemblée Nationale n'est pas plus d'accumuler toutes les prédilections sur un seul lieu, au prix de l'appauvrissement et de la dégradation de toute une Contrée, que de privilégier certaines personnes aux dépens d'une foule de Citoyens négligés, et sacrifiés au petit nombre ; en un mot, le principe vraiment social qu'elle a adopté ne s'applique pas moins aux Villes qu'aux individus, et s'appliqueroit mal à ceux-ci, s'il ne s'étendoit pas à celles-là ; mais on le répète avec confiance, il est dans la présente discussion une considération supérieure, et qui ne doit jamais être perdue de vue: c'est pour ce District que l'on choisit un chef-lieu ; ce n'est point pour la ville où on le place, et dans le cas où il seroit aussi avantageux dans l'un que dans l'autre, alors on se détermineroit plutôt en faveur du lieu qui a le plus besoin de véhicule ou de supplément d'activité. Dans l'espèce présente, on observeroit même que l'infidélité connue d'un Administrateur subalterne a privé Bourg de la communication dont elle avoit besoin avec la Saintonge ; que cette prévarication a préparé l'état de décadence où se trouve la ville de Bourg, depuis quelques années; que sa situation élevée sur l'embouchure de deux grands fleuves, est à-la-fois une des plus agréables et des plus salubres de la Province; que l'air et les eaux y sont excellens; que son territoire abonde en toute espèce de denrée, et offre même à l'œil les apparences de la plus riche végétation; que l'on chercheroit en vain sur les rochers et les sables qui environnent Blaye, et lui servent de base; qu'elle a peut-être un commerce différent de celui de Blaye, plutôt qu'un commerce inférieur; que son port est plus sûr; que les matières de son commerce sont toutes sous sa main, et l'on conviendroit que l'ancienne Administration avoit en dernier lieu sagement (quoiqu'un peu tard) pris le parti de remédier à l'erreur de ses agens, en ordonnant l'ouverture des communications essentielles qui est en effet commencée depuis dix-huit mois, et qui se continue.

Ce n'est point, comme on le voit, pour éluder la comparaison que l'on a fait valoir tout ce qui doit, dans cette occasion, la faire supprimer ou écarter comme inutile. Sous tous les rapports de local, on ne peut préférer Blaye à Bourg. Nous pensons que de même la généalogie de ces deux villes importe fort peu à la question actuelle. Beaucoup de villes, comme beaucoup d'hommes, cherchent trop dans ce qu'elles ont été, la raison suffisante de ce qu'elles voudroient être. Il est permis à la ville de Bourg de rejetter, avec assurance, cette méthode, sous les rapports d'ancienneté et d'illustration. Elle peut tout opposer à la ville de Blaye; elle se borne à rappeler qu'elle a le titre de première Filleule de Bordeaux; que long-tems elle a été en rivalité avec elle, et qu'elle n'est devenue la seconde ville qu'au tems où Bordeaux en a été déclarée la première. Tous ces faits historiques, comme les faits physiques, qui attestent l'avantage local de sa position, sont consignés dans les pièces mises entre les mains des Membres du Comité de Constitution : on ne veut ici que les indiquer, et c'est bien assez, sans doute (1).

Il n'est pas probable que l'on objecte que la ville de Bourg n'est pas en état de recevoir l'Assemblée de District. Mais c'est, à tout hasard, répondre à cette supposition, que d'ajouter que Bourg, malgré sa décadence, conserve une consistance réelle par son droit de majorité : elle a toujours eu des Compagnies Bourgeoises, des Officiers Municipaux, un hôtel-de-ville en bon état, des revenus attachés à la Communauté, qui l'ont mise à même de se soutenir d'une manière honorable, de pensionner un Médecin pour les pauvres, des Instituteurs pour la jeunesse, de former une solde pour le Guet. Elle a un Siége de Justice Royale, deux Communautés Religieuses, une Abbaye, un Chapitre, un Hôpital, des fonds de charité publique, deux manufactures de verre : cette énumération suffit pour démontrer combien vainement on prétendroit que Bourg ne pourroit recevoir les Représentans d'un District.

Il a été démontré plus haut que la position géographique de la ville de Bourg, et sa position relative à la population du District, la rendent seule propre à en être le chef-lieu ; que, dans ce cas, le chef-lieu du District seroit lui-même rapproché de deux lieues, de celui du Département. Cette vérité va se reproduire dans l'examen des observations proposées dans le mémoire de Blaye.

On conviendra que les deux bourgs de Saint-

André et de Saint-Ciers forment les deux points les plus remarquables de chacune des extrémités opposées de ce District; mais on ne peut en conclure que Blaye se trouvant à-peu-près à distance égale de l'une et de l'autre, est par-là même au centre de population du district.

On remarquera d'abord que Blaye est plus loin de Saint-André de Cubsac, que de Saint-Ciers.

On remarquera ensuite que la distance n'est ici calculée que de Blaye, au lieu même de Saint-André-de-Cubsac, et qu'il existe au-delà un grand nombre de Paroisses beaucoup plus éloignées, dont la distance n'est cependant comptée pour rien.

Enfin, et ce qui retranche la question, il s'en faut bien que la population de Saint-Ciers et du pays qui l'avoisine, puisse entrer en proportion avec celle de Saint-André de Cubsac et le pays qui s'y rapporte.

Saint-Ciers est le principal endroit d'un canton isolé, peu habité, marécageux, et qui, à la fertilité près de quelques marais nouvellement desséchés, n'offre guère que des landes ou des terres maigres, cendrées, d'un fort médiocre rapport. Les marais en culture rendent, à la vérité, de riches moissons; mais ils sont divisés entre un fort petit nombre de propriétaires, qui se gardent bien d'y habiter; on n'y rencontre guère, d'espace en espace, que quelques métayers, destinés ou condamnés à les faire valoir. L'air y est pestientiel pendant une partie de l'année; il est couvert d'une eau limoneuse, et par conséquent impraticable, pendant toute la saison de l'hiver. On n'y trouve ni arbres, ni verdure, ni sources. On sent qu'un pareil pays, ainsi que des landes, ne sont pas propres à devenir la base d'une population, même médiocre. Tel est le pays dont Saint-Ciers est le bourg le plus remarquable, et Saint-Ciers lui-même, assis sur le bord du marais, est annuellement en proie à toutes les maladies dont ce marais devient le principe, par les exhalaisons de son sol, à l'époque des chaleurs.

Saint-André de Cubsac, au contraire, situé sur la grande route de Paris à Bordeaux, à trois lieues et demie de cette dernière ville, est le premier endroit considérable que l'on rencontre dans cette direction, après l'avoir quittée, et situé sur une élévation et en très-bon air. La grande route traverse le Bourg, et la Dordogne coule au pied de la montagne sur laquelle il est élevé. Il réunit en conséquence les deux plus grands moyens de commerce; et en effet, le commerce y est dans la plus grande activité. Le pays circonvoisin est fertile et peuplé. On y trouve très-peu de landes et point de marais. Sous tous les rapports de culture, de commerce, d'étendue, et de bonté du territoire, on ne peut établir aucune comparaison entre Saint-Ciers et Cubsac. Enfin, ce dernier est le chef-lieu de 19 Paroisses; le premier n'en a que onze; trois sont à l'extrémité la plus septentrionale, au-delà de Blaye; et c'est en raison de leurs distances, que Blaye se regarde comme le point le plus intermédiaire, et voudroit attirer à soi tout le District : il s'en suivroit donc que trois Paroisses feroient contre poids à dix-neuf, et que 865 personnes que composent ces trois paroisses, l'emporteroient sur 30000 que comprend le Cubsaguais.

On auroit pu hardiment conclure la supériorité de contribution, de la supériorité de population.

On se bornera à observer que l'Auteur du Mémoire pour la ville de Blaye, a fait précisément le contraire, et conclu la supériorité de population, d'une prétendue supériorité de contribution. Il a pris pour mesure de celle-ci, les cottes de tailles de quatre Jurisdictions; mais ce moyen, uniquement propre à faire connoître ce qui se paye dans cette forme, ne l'est nullement pour faire connoître la totalité de ce qui se paye, ni pour asseoir une comparaison avec ce que chacune des Jurisdictions peut payer. En effet, ces cottes ne présentent que ce qui se paye sur les lieux, et ne disent rien de ce qui se versoit à Bordeaux par les ci-devant Privilégiés, soit à titre de naissance, soit à titre de places, soit à titre de Bourgeoisie. En supposant donc, comme on aime à le faire, la plus grande exactitude dans le tableau de cotte de taille qui a été produit, on n'en pourroit rien conclure sur la contribution absolue ou relative de quatre Jurisdictions. On observera que le Blayois et le Vitrezai contiennent très-peu de privilégiés. On le croira sans peine, quand on considérera que personne ne peut avoir le goût de faire des établissemens dans des landes et des marais infects, qui souvent prennent au cœur, tandis que le Bourgès et le Cubsaguais, à raison d'une plus grande proximité du côté de Bordeaux, et sur-tout d'une plus grande salubrité de l'air, et d'un plus grand agrément de local, dans un pays plus couvert et moins exposé, en contiennent un très-grand nombre.

Le Comité de Saint-André de Cubsac a si bien senti les avantages qui lui sont propres, que, dans son mémoire aux Députés de la Sénéchaussée de Guienne, il n'a pas balancé à se regarder, sous tous les rapports, comme fait pour être le chef-lieu d'un District ; mais il ne s'est point dissimulé que sa position, à l'extrémité de celui qui vient d'être formé, y mettoit un grand obstacle ; et alors, il s'est attaché à prouver que Bourg étant le plus central, on devoit de préférence y placer le chef-lieu du District.

» Blaye, petite ville, dit ce mémoire, quoique
» le lieu où abordent les Fourgons et messageries
» de Saintes et de la Rochelle, est quasi inabor-
» dable pour ce District. Le chemin tracé et
» seulement ébauché de notre côté, en rend
» l'abord impraticable, et tous les voyageurs sont
» obligés de l'abandonner en hiver, pour suivre
» des chemins de traverse ; d'ailleurs, c'est un
» canton qui n'a jamais eu de relations avec
» celui-ci. Enfin, le mémoire ajoute : Si cepen-
» dant l'Assemblée Nationale avoit définitivement
» déterminé les arrondissemens de ce District, et
» que Saint-André ne pût pas former un District
» sous l'acceptation que nous avons l'honneur de
» lui présenter ci-dessus, nous prions MM. nos
» Députés de faire observer dans l'hypothèse, où le
» Vitrezay, le Blayois, le Bourgès et le Cubsaguais,
» ne feroient qu'un District, la ville de Bourg est le
» centre de ces quatre chefs-lieux, dont tous les
» points à réunir sont à-peu-près également dis-
» tans, et qu'il importe essentiellement de rap-
» procher tous les cantons à réunir, nonobstant
» toutes considérations à ce contraires ».

A un témoignage et à un vœu aussi formel, qu'oppose le mémoire de la ville de Blaye ? Une adresse du Juge de Saint-André, qui demande que ce chef-lieu soit à Blaye. Ainsi voudroit-on que l'autorité d'un seul individu, l'emporte sur celle d'un Comité dont les Membres sont les Représentans des intérêts de dix-neuf paroisses? Il suffit, au reste, de remarquer que M. le Juge de Cubsac est de Blaye, et a toutes ses propriétés à Blaye. En un mot, pour conclure, si on place le chef-lieu à Blaye, on éloigne tout le Cubsaguais; si on le place à Bourg, on ne s'éloigne, et de très-peu de chose, que d'un pays marécageux, plein de landes, peu peuplé, beaucoup moins important à tous égards, et qui n'est pas à même de le devenir davantage. Porter le chef-lieu à Blaye, c'est n'avoir égard qu'à l'intérêt de la ville de Blaye : le porter à Bourg, c'est embrasser le véritable intérêt de tout le District.

Quoiqu'il en soit, après avoir prouvé; 1°. que la ville de Bourg est centre du territoire et de population, condition requise et suffisante, d'après le Décret de l'Assemblée; 2°. que sa situation particulière est infiniment favorable à l'établissement d'un chef-lieu de District; 3°. que cet établissement lui est infiniment favorable à elle-même, par le besoin qu'elle a de régénération, et par l'intérêt qu'à l'Administration elle-même de profiter de l'occasion pour lui en procurer les moyens; 4°. que ses droits particuliers à cet établissement sont bien justifiés, par la considération de son état passé, des services qu'elle a rendus à l'Etat et à la Province, par son attachement utile à ses Rois, ses malheurs, ses pertes, les sacrifices qu'elle a faits à la Nation de tous ses Priviléges, tant pécuniaires qu'honorifiques, seul bien qui lui restoit; quoique sous ces quatre rapports, elle ait appuyé sa prétention sur les motifs les plus solides et les plus invincibles, elle s'en réfère à la décision des Députés qui forment ce Département, et qui ont décidé, à l'unanimité, que la première Assemblée des Electeurs du District, qui se tiendra dans la ville de Bordeaux, au prochain Département, décidera cette contestation à la majorité, et déterminera laquelle des villes, de Bourg ou Blaye, doit avoir la préférence, et s'il sera convenable que les Etablissemens soient divisés entre les deux villes.

NOTES.

(1) Le Vitrezay contient onze lieues quarrées, dont trois en marais & trois en landes. Le Blayois contient huit lieues & demie quarrées, dont une en marais & une lieue & demie en landes; ainsi, sur vingt lieues de surface, onze seulement sont en culture. Le Bourg contient neuf lieues & demie, dont trois quarts de lieue en landes. Le Cubsaguais contient neuf lieues & un quart, dont un tiers de lieue en lande. Ainsi, sur 18 lieues, 17 deux tiers à-peu-près sont en culture & en valeur. Ces détails sont pris d'une Carte Topographique, dressée, avec beaucoup de soin, par M. Belleme, Géographe.

(2) Cette reconnoissance du titre de Capitale pour Bordeaux, fut le fruit d'un Traité d'alliance passé entre ces deux Villes, en 1379. Ce Traité a pour titre : *Societas arcta inita inter urbes Burdigalum & Burgum, sed ità ut Burdigala quasi princeps, præsit & Burgo & cæteris Provinciæ urbibus.* La ville de Blaye observe qu'elle a eu l'honneur de recevoir dans son sein un de nos Rois, qui y est mort & enterré : Bourg a reçu dans ses murs Charles VII, François Ier, Charles IX, la Reine Mère & celle de Navarre, Louis XIII, qui s'y retira avec toute sa Cour, Louis XIV, qui y donna une Déclaration enregistrée au Parlement de Bordeaux. Aucun de ces Princes, à la vérité, n'y a laissé sa dépouille mortelle : & la ville de Bourg s'en félicite !

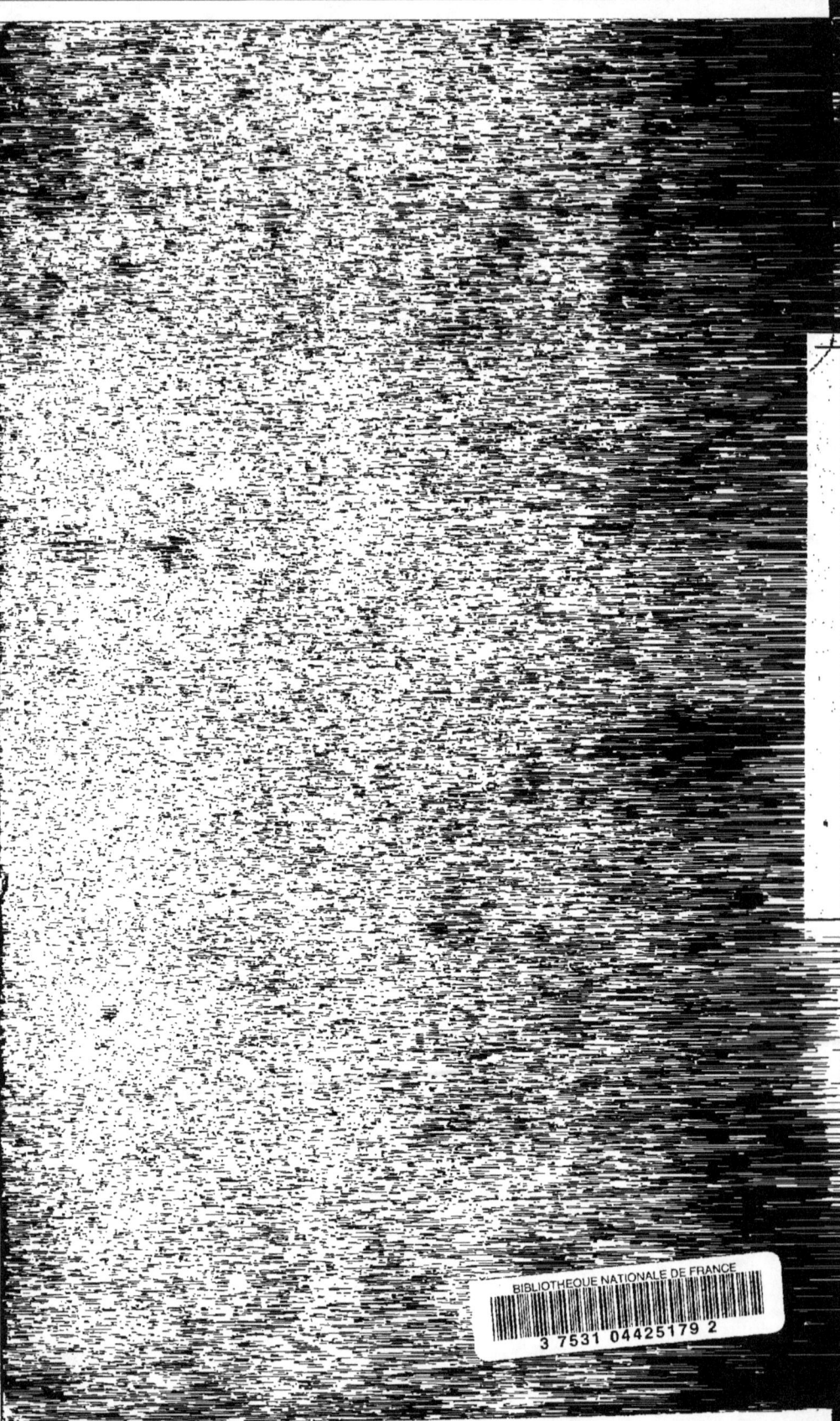

www.ingramcontent.com/pod-product-compliance
Lightning Source LLC
Chambersburg PA
CBHW062008070426
42451CB00014BA/3230